MALESHERBE

Par A. d'Egvilly.

Excidat illa dies.

DISCOURS EN VERS

SUR MALESHERBE,

PRÉCÉDÉ D'UNE NOTICE HISTORIQUE.

Par A. d'Egvilly.

EXCIDAT ILLA DIES.

A PARIS,

Chez ANTHᵉ. BOUCHER, rue des Bons-Enfants, nᵒ. 34;
DENTU et PETIT, au Palais-Royal.

1821.

MALESHERBE,

ET SA FAMILLE.

Un siècle s'est écoulé depuis la naissance de Malesherbe. Quel siècle! quels événements! Ses yeux s'ouvrirent pendant les folies de la régence; ils se fermèrent sur le tombeau de la monarchie. Que de fois les douleurs et la mort furent la suite des erreurs et de la folie!

La destinée de Malesherbe fut de se trouver toujours en opposition avec la cour, tant qu'elle fut heureuse. Il n'a jamais demandé qu'une seule faveur à son souverain, ce fut celle de le défendre et de mourir pour lui.

Il attachait tant de prix à cette honorable distinction, que, si son âme magnanime avait pu connaître un mouvement de jalousie, il se serait porté sur ceux que Louis XVI avait désignés lui-même. « Comment pourrai-je récom-
» penser MM. Tronchet et Desèze, lui dit un jour le Roi;
» j'ai songé à leur faire un legs, mais le leur paierait-on?
» — Sire, ils sont payés, répondit Malesherbe : Votre
» Majesté les a choisis pour défenseurs. »

L'opposition des parlements aux volontés du monarque ne pourrait donner aucune idée de celle que nous voyons aujourd'hui. Ce corps illustre, composé de ce qu'il y avait de plus respectable dans l'État, était la seule puissance intermédiaire entre le souverain et ses sujets. Ses remontrances, toujours respectueuses, portaient au pied du trône des vérités utiles, qu'aucune autre autorité n'avait le droit ni le pouvoir de faire entendre. Lisez celles dont Malesherbe s'est rendu l'organe ; vous verrez avec quelle mesure, avec quelle noble franchise, il offrait à son Roi le tribut d'hommage des peuples, leur reconnaissance pour les avantages dont ils jouissaient, leur inquiétude pour l'avenir, et la confiance avec laquelle la France entière attendait le moment où elle serait affranchie des obstacles qui s'opposaient encore à son bonheur.

Cet art de dire tout ce que l'on croit utile, sans s'écarter du respect que l'on doit au souverain, est un de ces secrets qui s'est perdu, comme tant d'autres, dans l'abîme des révolutions!

Lorsque l'on voit une longue suite de personnages illustres, qui pouvaient, au sein du repos, jouir dans leur famille d'une fortune immense et d'une haute considération, sacrifier leur existence aux intérêts de la monarchie, on a peine à concevoir que l'amour et la reconnaissance des peuples n'aient pas toujours été le prix d'un si généreux dévouement. Eh! bien, malgré l'éloquence douce et persuasive de Malesherbe, malgré la pureté de ses mœurs et son entier désintéressement, notre confiance dans nos rois était telle, que nous regardions, presque comme une offense, le plus léger obstacle à leurs volontés. L'expérience ne nous avait pas appris que l'on n'insulte point à l'autorité royale en cherchant à l'éclairer sur les projets dangereux du ministère, ou sur la vanité puérile d'un de ses ministres.

Cet esprit d'opposition était d'ailleurs un héritage de famille. Ce fut Louis XII qui, le premier, remit aux Lamoignon le sceptre de Thémis. La France et l'Europe savent avec quel éclat ce sceptre fut porté. Exercés jadis au métier des armes, accoutumés à vaincre des rivaux intrépides, on les vit, dans une carrière nouvelle, combattre avec la même ardeur des ennemis plus dangereux; et toujours dévoués au salut de l'État, ils se montrèrent inflexibles contre le vice et les abus de pouvoir.

Leur respect pour le trône, leurs égards pour les dépositaires des volontés royales ne purent jamais ébranler leur fermeté. Tout le génie de Richelieu, la souplesse de Mazarin, la grandeur imposante de Louis XIV, rien ne les fit dévier de la route qu'ils s'étaient tracée. On appliquait à cette famille ce que les Romains disaient d'un de leurs grands hommes, qu'il était plus facile de détourner le soleil de sa course, que Fabricius du sentier de la vertu.

L'immense crédit de Colbert, parlant au nom de son maître, et peut-être abusant de ce nom sacré, ne put exercer aucune influence sur le juge du célèbre surintendant. Fouquet fut toujours traité avec égards par le premier président, qui répétait qu'*un accusé est réputé innocent jusqu'à la conviction.* Lorsqu'après l'instruction du procès, on desira connaître sa secrète pensée : *Un juge*, répondit-il au ministre, *ne dit son avis qu'une fois, et sur les fleurs de lys.*

Je le demande aux irréconciliables ennemis des noms illustres, peuvent-ils nier que de pareils aïeux n'inspirent à leurs successeurs la noble ambition de les imiter? Parmi les élèves de la philosophie moderne, pourrait-on citer un trait d'indépendance comparable à celui que je vais choisir encore dans les archives de cette illustre famille ?

Un des aïeux de Malesherbe s'opposait à une mesure qu'il regardait comme injuste. Demandes, prières, promesses et menaces, rien ne pouvait fléchir l'austère magistrat. Un ministre se rend chez lui, et lui fait entendre que, s'il persiste dans son refus, il s'expose à perdre ses emplois, ses honneurs, ses revenus, et à subir l'exil le plus rigoureux. Le président ne répond rien. Il appelle : sa famille paraît. Le ministre étonné se lève devant cette nombreuse et respectable assemblée. « Mes enfants, dit Lamoignon, si par une disgrâce imprévue le roi m'ôtait mes dignités et mes revenus, s'il me réduisait à l'exil et à la misère, pourrais-je, dans mon infortune, compter sur vos secours? » Tous fondent en larmes, et tombent à ses pieds ; tous lui disent combien ils se trouveraient heureux de le suivre dans son exil, et de pouvoir rendre enfin un service à celui qui, jusqu'ici, n'avait vécu que pour leur être utile. « Vous voyez, Monsieur, dit froidement le magistrat, en se tournant vers le ministre, qu'il doit m'en coûter bien peu pour faire mon devoir. »

Il suffit à l'éloge de Malesherbe, de dire qu'il fut digne de sa famille, jusqu'au jour où le plus beau dévouement dont l'histoire fasse mention, l'éleva à une distance si prodigieuse, et l'offrit à nos yeux comme une colonne inébranlable au milieu de tant de ruines.

Celui que l'on avait vu timide sous les riches lambris du palais de Versailles, parut calme et sans effroi devant un sénat homicide, qu'aucun genre de crime n'avait ému, et qui se trouvait humilié par tant de grandeur d'âme.

Déjà sa lettre au président de cette exécrable Convention avait produit un effet extraordinaire. Les assassins eux-mêmes ne pouvaient s'empêcher d'admirer cet homme courageux qui, chargé de 70 ans, s'arrachait, pour mourir avec son roi, à ce que les hommes ont de plus cher, le repos, les lettres et une famille adorée dont il était l'idole et l'appui.

Le calme et le sang-froid qu'il avait jadis conservés dans une cour brillante, et au milieu de tant d'illusions, ne l'abandonnèrent pas devant le farouche tribunal. Il parlait à son Roi avec plus de respect encore que lorsque ce Prince était sur le trône. Ces titres prodigués excitaient la rage de l'assemblée : « Qui vous rend si hardi, s'écrie un jour T......, de prononcer ici des mots que la convention a proscrits? —Mon mépris pour vous et pour la vie, répondit Malesherbe. »

Lorsque l'arrêt irrévocable eut été prononcé, il ne regarda pas tous ses devoirs comme accomplis. Il savait qu'il avait encore un service à rendre à son royal client : c'était de lui amener un de ces vénérables ecclésiastiques qui ne connaissent pas l'art d'éluder un serment, ni de capituler avec leur conscience. Le glaive des lois nouvelles les avait presque tous moissonnés. Mais le Ciel, avant de s'ouvrir, réservait à Louis cette dernière consolation. Malesherbe, les yeux baignés de larmes, l'introduit auprès de son maître : « Mon ami, dit le Roi, en le remerciant, la religion console tout autrement que la philosophie. »

Dans les âges antiques, l'héroïsme de Malesherbe eût obtenu des autels; dans le siècle de philosophie, il fut jugé digne du dernier supplice. L'illustre vieillard fut arraché des bras de sa famille, et il ne la revit que sur l'échafaud. C'était un raffinement de barbarie bien digne de ceux qui gouvernaient alors.

Il avait entendu son arrêt de mort sans pâlir. Ses forces l'abandonnèrent lorsque l'on prononça devant lui la sentence mortelle de sa fille et de sa petite-fille.

Ce fut alors que Mme. de Rosambo aperçut Mlle. de Sombreuil : « Mademoiselle, lui dit-elle, vous avez eu le bonheur de sauver votre père ; j'aurai du moins la consolation de mourir avec le mien. »

Le nouveau martyr retrouva son courage quand il vit celui de ses filles. Il fit un faux pas dans la cour de la Conciergerie : « Voilà un mauvais présage, dit-il ; un Romain à ma place ne sortirait pas. — Mon ami, dit-il à son gendre, qui devait lui survivre, élevez vos enfants pour en faire des Chrétiens, il n'y a que cela de bon. »

MALESHERBE.

En ces jours orageux, où, rebelle à nos lois,
Une ligue homicide attaque tous les rois,
Où, de nos droits flétris Thémis dépositaire,
Aux ennemis du trône ouvre son sanctuaire,
Et laisse blasphémer avec impunité
Les premiers destructeurs de toute liberté,
Solitaire, dans l'ombre on trouve quelques charmes
A reposer ses yeux obcurcis par les larmes,
Sur les premiers martyrs de la fidélité!
De ces hautes leçons avons-nous profité?
L'hydre de l'anarchie en secret nous dévore,
Ses apôtres sanglants nous menacent encore,
Ils triomphent! En vain le peuple consterné
Veut qu'on élève un temple au Juste couronné.....
Ce culte expiatoire, offert à l'innocence,
Pourrait des assassins troubler la conscience,
On les respecte.... Nous, dans ces temps inouïs,
Tombons du moins aux pieds du second Saint Louis,

Couvrons d'un même encens deux ombres magnanimes,
Et jetons quelques fleurs sur l'une des victimes !

Le monde a retenti du bruit de nos fureurs :
Disons-lui nos vertus, puisqu'il sait nos erreurs,
Et que des chants d'amour et de reconnaissance
Acquittent aujourd'hui la dette de la France !
Malesherbe mourant inspire tous les arts,
Sur sa vie agitée élevons nos regards !
N'invoquons pas l'appui d'une muse héroïque ;
Parés du vain éclat d'un luxe académique,
Des éloges pompeux ne sauraient le flatter,
Il fut simple et modeste, il le faut imiter.
A l'espoir d'épargner un crime à sa patrie,
Lorsqu'il sacrifia son repos et sa vie,
Sans songer à la gloire, et sans illusion,
Il suivit de son cœur la seule impulsion :
Redire quelques faits dérobés à l'histoire,
C'est le plus bel hommage offert à sa mémoire.

Heureux les orateurs qui savent, comme lui,
De la vérité seule attendre leur appui,
Qui, sans flatter jamais, ni braver la puissance,
Acquièrent, à ce prix, leur noble indépendance !
Au faîte du pouvoir, heureux aussi les rois
Qui se laissent fléchir par cette auguste voix !

De l'orateur romain la céleste éloquence
Peut-être de César décida la clémence.
Que de fois revenu d'un délire insensé,
Le conquérant gémit du sang qu'il a versé!
L'austère vérité, qu'il refusa d'entendre,
Contre un remords tardif aurait pu le défendre!

Lorsqu'un usurpateur épuisa, sous nos yeux,
Du sang pur des Condés les restes glorieux,
Il eut soin d'écarter les conseils magnanimes
Qui voulaient prévenir le plus lâche des crimes.
Malgré le trait profond qui dévorait son cœur,
Qu'eût-il dit au guerrier qui, bravant sa fureur,
Se serait écrié : Ç'en est fait de ta gloire!
L'Europe te nomma l'Enfant de la victoire.....
Tu ne le fus jamais : de larmes inondé
Ce fils respecterait le fils du grand Condé,
Et, fier de détourner le coup qui le menace,
Du vainqueur de Rocroy conserverait la race!

Sur les premiers degrés du temple de Thémis
Le jeune magistrat à peine fut admis,
Que soudain l'innocence, à sa voix protectrice,
Attendit, sans effroi, le jour de la justice,
Et dans les rangs obscurs, comme au sein des honneurs,
Nul ne put éviter ses traits accusateurs :

Ah ! si vous l'aviez vu, terrible, inexorable,
D'un regard foudroyant confondre un grand coupable,
Qui portait, en triomphe, au nom du souverain,
Une grâce surprise à cette auguste main !
Imprudent ! il pensait que la faveur royale
Effaçait à-la-fois la peine et le scandale !
Il semblait défier cette inflexible voix,
Que la justice oppose à la bonté des rois !
Malesherbe paraît : dans une salle immense,
Devant mille témoins le criminel s'avance ;
Il s'étonne, il pâlit, et tombant à genoux,
Il entend cet arrêt : « Allez, retirez-vous ;
Devenez pour le monde un exemple funeste !
La peine vous échappe et la honte vous reste. »
O vous qui, dès l'enfance, aux Muses consacrés,
Goûtez dans le repos des plaisirs ignorés,
Qui, pour prix d'un travail qui charme votre vie,
Recueillez les dédains, et quelquefois l'envie,
Quelle ardeur généreuse eût embrasé vos cœurs,
Si vous eussiez vécu dans ces jours de faveurs
Où, de Thémis encore agitant la balance,
Malesherbe aux beaux-arts étendait sa puissance !
Le génie étonné recouvra tous ses droits,
Au mérite modeste il accorda sa voix ;

Nul ne sut mieux des rangs rapprocher la distance,
Ni, d'un poids plus égal, fixer la récompense;
L'intrigue s'étonna d'un si nouvel accord,
Et les Muses aussi connurent l'âge d'or.
 Ainsi, pendant le cours d'une longue carrière,
Il soutint ses vertus et son beau caractère.
Nos vœux et nos destins lui sont-ils confiés?
Hors ses seuls intérêts, nuls ne sont oubliés;
Il n'est pas un abus qu'il ne cherche à détruire.
La rigueur des prisons, l'air que l'on y respire,
Tout change, tout s'épure; ou faible, ou malheureux,
Le prisonnier d'état trouve grâce à ses yeux;
Au pouvoir, qui s'égare, il oppose une digue,
Prévient, pour l'avenir, l'injustice et l'intrigue;
Et, satisfait enfin des heureux qu'il a faits,
Sa retraite est le prix qu'il met à ses bienfaits.
 Que ne le suivez-vous, lorsque, loin des orages,
Il va réaliser ses projets de voyages!
Seul, et souvent à pied, heureux d'être ignoré,
Observateur habile, et critique éclairé,
Agriculteur modeste au milieu des campagnes,
Savant naturaliste au sommet des montagnes,
Des recherches du jour pour recueillir les fruits,
Il donnait au travail la moitié de ses nuits.

Voyageur inconnu, souvent, en sa présence,
On parlait de Paris et de la cour de France,
Il recueillait l'encens qu'il avait mérité,
On bénissait son nom, dès qu'il était cité.
Un jour, dans ces débats, politique sévère,
Il parla sans respect contre son ministère,
Les témoins étonnés s'en déclarent l'appui;
L'un d'eux, plus emporté, s'élève contre lui,
On s'échauffe, on s'irrite, il sourit et se nomme:
« Ah! lui dit son rival, vous étiez le seul homme
Qui pût de Malesherbe être le détracteur. »

Tels furent ses plaisirs, tel était son bonheur,
Lorsqu'un ordre fatal à la cour le rappelle;
Que de maux ont suivi cette faveur cruelle!
Déjà grondait au loin l'orage destructeur,
Des maux, qu'il prévoyait, sinistre avant-coureur.
Son aspect à la cour, son costume, son âge,
Cette sévérité de mœurs et de langage,
Tout parut étranger; tel, dans l'hiver des ans,
Aux regards étonnés des jeunes courtisans,
Dans le Louvre, encor plein de son illustre maître,
Par ordre de Louis, Sulli vint à paraître.

A l'État ébranlé prêt à servir d'appui,
Malesherbe à la cour est reçu comme lui.

Du ministre inspiré les présages sévères
Ne parurent d'abord que de tristes chimères.
Combien de rois puissants, d'empires égarés,
Ont repoussé la main qui les eût délivrés !
Jérusalem mourante insultait aux miracles,
Ilium dédaigna la voix de ses oracles ;
Le ministre français vit ses vœux impuissants
Se perdre dans les airs, ainsi que ses accents ;
Le trône enfin pour lui devint inaccessible :
« La vérité, dit-il, est-elle si terrible
Qu'il faille tant d'efforts pour étouffer sa voix !
Admis dans le conseil du plus sage des rois,
J'aurais cru l'offenser en gardant le silence ;
Je lui devais le fruit de mon expérience,
Et quand, de toutes parts, on méconnaît ses droits,
Devais-je lui cacher les maux que je prévois,
Et parmi tant d'erreurs, funestes à la France,
Y donner mon aveu par ma seule présence? »
Il s'éloigne à ces mots : « Allez, lui dit le Roi,
» Mes regrets vous suivront ; bien *plus heureux que moi*,
» *Vous pouvez abdiquer.* » A tant d'inquiétude,
Malesherbe opposa les charmes de l'étude ;
Mais l'histoire du monde à ses yeux vint s'ouvrir,
Et dans les maux passés il lut tout l'avenir.

J'approche, avec effroi, de ces jours d'infortune,
Où, planant au-dessus de la sphère commune,
Malesherbe, élevé vers la divinité,
Obtint son plus beau titre à l'immortalité.
On éloignait de lui ces feuilles fugitives,
De nos longues douleurs trop fidèles archives;
Mais le chagrin profond empreint dans tous les cœurs,
Lui révèle trop tôt nos dernières fureurs.
Il tombe anéanti. Grand Dieu! peut-il le croire!
Ce Roi qu'il vit naguère au comble de la gloire,
Qui, pouvant disposer d'innombrables soldats,
Préféra réunir d'infidèles états,
Captif et dans les fers! D'une famille en larmes,
Sa pâleur, son désordre excitent les alarmes:
Tout-à-coup l'espoir luit sur son front égaré....
Il semble par Dieu même un prophète inspiré:
« J'irai, dit-il, j'irai, je prendrai sa défense!
Hélas! pendant ses jours d'éclat et de puissance,
Gardant d'un magistrat toute l'austérité,
J'ai troublé son repos et sa sécurité!
Il me verra du moins, au terme de la vie,
Briguer une faveur que personne n'envie,
Et, dans des maux si grands, fier d'être son appui,
Je sauverai mon maître, ou mourrai comme lui. »

Il écrit, il accourt : la France se ranime !
Un rayon d'espérance entoure la victime ;
On voit même, l'on voit l'homicide sénat
Reculer un moment devant son attentat !
Le respect le plus vrai commande le silence,
Interrompt le blasphème, et suspend la vengeance :
« Où sont, dit le vieillard, où sont les courtisans
Si pressés à la cour dans de plus heureux temps,
Dont je voulus en vain éclairer l'imprudence ?
Eh ! quoi ! ces favoris que gênait ma présence,
Qui s'agitaient sans cesse entre leur maître et moi,
Ont laissé les bourreaux s'approcher de mon Roi ! »

Il ne fut pas surpris, qu'à leur culte infidèles,
Plusieurs eussent suivi l'étendard des rebelles,
Et que d'autres, glacés par le parti vainqueur,
Eussent abandonné la cause du malheur.
Lentement il se traîne à cette tour fatale
Où gémit, sans espoir, la dignité royale !
Dans ce palais nouveau tout imprime l'effroi,
De farouches geôliers sont la garde du Roi !
On n'entend que des cris de haine et de carnage ;
Malesherbe est sans force, et presque sans courage...

Les verrous sont tombés : quel contraste divin !
Le Roi seul est tranquille... Un front pur et serein,
Quelques signes d'amour et de reconnaissance
Sont déjà du vieillard la digne récompense :
« Mon ami, dit Louis, en lui tendant les bras,
Vous vous perdez vous-même, et ne me sauvez pas. »

Le magistrat tremblant ne peut cacher ses larmes;
L'auguste Prisonnier appaise ses alarmes :
« Vous me plaignez, dit-il, la paix est dans mon cœur,
Ces livres m'ont armé contre un si grand malheur,
Leur infaillible appui m'assure une autre vie,
Ils consolent bien mieux que la philosophie !
On dit que leurs clartés vous touchent faiblement;
Mais s'il fallait, pour prix d'un si beau dévoûment,
Que vous dussiez mourir comme je vais le faire,
Mes vœux sont que le ciel vous guide et vous éclaire. »

O Muses ! quel nuage a couvert mes tableaux ?
Suspendons notre lyre et brisons nos pinceaux !
Laissons le défenseur et l'auguste victime
Couronner leurs vertus par une mort sublime,
Et le héros fidèle, à son dernier soupir,
Adorer et prier le Dieu du Roi-martyr :

Quand le Ciel s'est ouvert pour prix de leur courage,
C'est en les imitant qu'il faut leur rendre hommage,
Et, sans flatter nos rois, tant qu'ils seront heureux,
Soyons, dans le malheur, prêts à mourir pour eux.

FIN.

DE L'IMPRIMERIE D'ANTHe. BOUCHER, SUCCESSEUR DE L. G. MICHAUD,
Rue des Bons-Enfants, No. 34.

www.ingramcontent.com/pod-product-compliance
Lightning Source LLC
LaVergne TN
LVHW020506230826
846091LV00008BA/3361

9782019253127